푸른 시와 시인

무위(無爲)의 한가운데 서서

김정원 시집

마을

빛나는 시정신을 꼼꼼하게 엮어내는 ― 마 을

· 경북 포항에서 태어남
· 1985년 『月刊文學』으로 등단
· 명지대, 성균관대 영문학 강사 역임
· 말모이 100년 우리말 사전의 경북대표
· 시집: 『시린 손을 닦으며』, 『시간의 순례』,
  『다른 하늘에서도 넌 꽃이었느니』 외 다수
· 율목문학상, 민족문학상, 소월문학상, 세계시
  문학대상 수상

무위(無爲)의 한가운데 서서

김정원 시집

1판 1쇄 인쇄/ 2025년 11월 25일
1판 1쇄 발행/ 2025년 11월 30일

지은이 / 김정원
펴낸이 / 우회정
펴낸곳 / 도서출판 마 을

등록 ‖ 1993년 5월 15일 제3001-1993-151호
주소 03073 서울 종로구 성균관로5길 39-16
전화 ‖ (02) 765-5663, 010-4265-5663

값 14,000 원

*잘못된 책은 바꿔 드립니다.

ISBN 978-89-8387-377-4   03810

김정원 시집

무위의 한가운데 서서

마을

시인의 말

4년 전 일곱 번째 시집 발간 후 끝인가 생각했다.

심신의 기운이 기울어져 가면서도 어디서 '시'혼이 부르면 홀릴 듯 달려간 것 같다.

동인지에 해마다 실은 것과 청탁시 몇과 틈틈이 쓴 것들이 쌓여 60여 편이 되어 묶어놓고 보니 시시하고 부족한 시구들이 미완으로 완성한 것들뿐이었다.

시 쓰기가 힘들수록 부질없는 일에 몰두하는 것이 어리석게 여겨졌는데 아직 펜을 놓지 못함은, 내 삶의 방어책인가? 만년의 위로인지 정녕 내 영혼이 하고픈 말은 뭔지 시 '농사'의 초라한 수확 앞에서, 내가 가꾼 게 이것뿐인가, 큰 숨 쉰다.

나이에 걸맞게 내용을 담지 못해 부끄럽다. 돌 틈에 살아있는 늦가을 한 송이 작은 꽃으로 보이면 기쁘겠습니다.

2025년 가을

저자 김정원

2. 일렁이는 그림자

3. 빈 얼굴

4. 생의 연가

1.

저문 날의 날갯짓

공연장

배우들이 인사를 하고 또 하고
무대를 아쉬워 나가기 아쉬워한다

이 세상 넓은 무대
우리 모두는 그런 배우들

짧은 시간 곁에
저마다 투혼으로 열연하는 배우들

비록 우레 같은 박수는 못 받아도
땀 젖은 얼굴이 아름답대요

우린 서로 뜨겁게 악수 하고 악수 나누며
웃음 주고 웃음 나눠요.

바닷가 바람돌

시간을 건너오고 있는 파도
소꿉살림 예쁜 조가비들은 어디로
낯선 바람돌 하나
구멍 숭숭 빈 동공(瞳孔)이
죽은 해신(海神)의 눈빛으로 한 말씀 하실 듯

1억 4000만 번 눈부시게 아침해 오르고
1억 사천만 번 달 뜰 때
퍼덕퍼덕 뛰던 욕망과 시름도
종내 시간에 사위어
몸 푸석푸석 골다공증

우주만큼의 무게로 슬픔을 엮고
파도소리에 눈 감은 채
시간 없는 평화로움의 한 닢 환화(幻花)
석양이 하염없이 바라보고 있다.

호박꽃 찬가

꽃이랄 것도 못되지만
설움 감추고 있는 합죽할미로
그렇게 보진 마셔요

박토에 피어나도
반겨줄 님 있어
아방궁의 황등 밝혀 기쁘옵니다

탐할 거 없어요 아침마다 새순 올려
마을 가난 덮어가며 부러울 것 없이
주렁 열매 달고

내 딴엔
황홀한
청복을 누립니다.

성산 일출봉의 눈물

일출봉의
해님은
신성같이 떠오르더라

뒤척이는 혼백의 고도(孤島) 그 유배지
지나가는 길손의 머리카락 후욱 날리곤
검은 돌 푸른 물이랑 속 정적(靜寂)이더라

돌멩이 하나 주워 던져봤어라
무위(無爲)의 한가운데 등신같이 서서 우러러
절망을 기대던 그 일출봉

이제 일출봉 해님은
구름과 바람의 채취 뿐
스스로 역사가(歷史家)인 양 유유히
비취빛 물결 위로
유채꽃 장다리노래 흐른다.

경로당

- 상실의 계절

눈 뜨면 찾아간다
헛웃음도 인정인 양 좋아서 간다고

가을 땅에 내려앉은 마른 잎새들
한 세상 부지런히 살곤
끼리끼리 모이면 너도나도 아픈 이야기
인고의 일상을 나누면 서로는 서로께 위안 주고,

건강 잃고
사랑 떠나고
일손 놓고
친구는 가고
돈이 희망이 사라진 소용돌이 속
차돌멩이 같은 그 적요(寂寥)가 싫어,

저마다 슬픈 기도를 품고
남은 시간 함께 함께 나누려.

환경

콩알 둘이 함께 섰다
하나는 물에 살기로
또 하나는 흙에 살기로 떠났다

하나는 물에서 자라 콩나물이 되고
또 하나는 흙에서 자라 콩나무 되어

날씬하고 맷끈한 콩나물은
사랑받는 반찬이 되고
소탈한 콩나무는 동글동글 새끼들만
수없이 열매 맺었다

흙밭농사는 물밭보다 오래 걸린
기다림의 귀한 산물로 그만큼
값진 대우를 받았다.

보리죽 한 사발

- 6 · 25 전후 트라우마

어젯밤 꿈에 본 보리죽 한 사발
아흔 번의 여름인데,

전란에 흩어졌던 가족들 꿈인 양 다시 만난
저녁 밥상
눈물로 삼키지 못해 떨던 목청, 그날
평생에 험악한 트라우마여

빗발친 포화의 염천(炎天)을 이고 걸었던
천리길(서울서 포항까지)
나라도 산하도 나와 함께
눈물 펑펑 뿌렸던,

아~ㅎ 정수리에 파고든 상처는
세월에 아물고
여태 못 떨어진 딱지가
한 사발 보리죽이었나 보다.

철조망

- DMZ

아! 나는 보았다
통곡을 허리에 칭칭 둘러감은 채
까맣게 누워있는 가시 허리띠를

아! 나는 들었다
녹슨 가시허리의
피맺힌 숨소리를.

저문 날의 날갯짓

어릴 적 자기 그림자에 놀란 그 첫날
내 모습이 무서워 엉엉 울었던 그 아이

땅 위의 꽃밭 하늘의 별밭
놀이마당 있어 마음껏 뛰놀았다

집에서 발 닿는 바닷가
눈 뜨면 날 부르는 파도소리

꺼억꺼억 갈매기는 마냥 꿈 나르고
날개 위에 고인 희망은 은빛이었다

오는 봄마다 나무키는 자라고
내 키도 그만큼 거진 컸지

문득 누에고치 벗고 푸른 하늘 날고 싶었다
그러나 금빛 날개는 아직,

아름다운 지상 애틋한 작은 새는
오늘도
사라지는 모든 것에 아픈 날갯짓만 한다.

무말랭이

다 견디고
수긍하는 모양새가 그러하지

쪼그라든 이 몸을 잊지 않고
찾아주는 사람이 있다오

저요~, 저녁 밥상 하찮은 자리여도
행복에 붉게 물든 한 접시로 산다오.

혼잣말

바람을 앞세워
중얼중얼 간다 아무도 듣지 않는다

시간의 물살에 부대끼다
몽돌 되었다

누가 봐도 딱한데
땅을 끌고 가는 노인

무엇하러
나와 다니냐고

꽃 지면 삶은 끝나니
푸른 숨결 마시러 나와 본 거라고.

뒤돌아보는 길

사막의 모랫길을 묵묵히 걷는 낙타 같이
노을을 안고 뚜벅뚜벅 간다
숨차게 달려온 마라톤 끝선이 보인다

몇 번이나 더 볼 수 있을까 눈에 익은 이 길
강변에 큰 능수버들 우람한 자태
물비늘 반짝이는 한갓진 강물
비둘기 까치떼 노니는 길섶 클로버꽃밭

가물거리는 미련 뒤로
밀려오는 바람, 몇

더는 병원출입 하지 않길,
머리 감기는 끝내 내 손으로,
손발톱도 내 손으로 자를 수 있길…

남은 시간
조금이나 도움 줄 수 있는 존재이길
더는 바랄 게 없는 가난한 심정
작은 믿음으로
봄꽃 지듯 물러갔으면.

이름난 명사(名士)도

이름난 명사
그 노인도
낙엽으로 타버린 재가 전부다
화장(火葬) 굴뚝의 연기는
새 길을 가리키고

이승의 한때
삶의 이야기가
서쪽하늘 끝으로 쫓아간다
산마루 넘는 길은 모두 같은지
찬바람이 불춤 추며 따라간다.

여름잠

자투리잠으로 뒤척이다
새벽녘 꿈에
얼핏 보인 그이
한마디 대화도 거부한 무정
나비처럼 스쳐갔다
영혼은 영영 침묵으로 숨쉬는
엷은 그림자.

그림자 Ⅲ

"자야, 넌 또 따라나서냐
지겹고 힘겹지도 않니?"

넌 모르지
내가 얼마나 먼 곳에서 왔다는 걸
왜 왔는데

종이보다 얇은 희끄래한
그 서늘한 옷이 기이하구나

어느 밤 어둔 골목길에서
넌 앞서 날 지키며 뛸 때 넌 친구임을,
우린 달님과 셋이 달렸지

그런데
아무리 뛰고 함께 빙글 돌아도
옷자락도 발목도 잡아보지 못했어

내가 너니까~!
어~ㅎ, 넌 내 영혼이었구나.

무궁화의 눈물

8 · 15 광복절 날
시골 어느 골목길을 걷다가
무궁화 한 그루 만났다
보랏빛 활짝 핀 꽃이 아니라
눈물이 그렁그렁 터질 듯 보였다

왜 소리 없이 울고 있냐?

종이꽃을 그려놓곤
봄이 온다고 외치는 저 소리소리

비밀의 무더기
시커먼 구름이 몰려오고 있어

보라, 보이느냐.

2.

일렁이는 그림자

퇴원하던 날

넘어졌다 일어서니
하늘이 다시 보이데
이 땅의 햇빛이 이리 찬란했던가

하늘보고 물 한 모금 마시고
병아리처럼
높은 하늘 다시 쳐다보고

살아 눈 부시는 감사
봄병아리는 햇빛 휘젓듯
지구의 따뜻한 가슴 위를 밟는다

벼랑 끝의 두려움 캄캄한 밤
절망의 그 열매가
이렇게 빛나는 선물 될 줄이야

크나큰 수행을 마치고
돌아가는 수도자의
발길인 양.

검버섯

아끼는 얼굴에 검은
어디서 날아온 검은 잡초 하나
자기 집터에 온 양 생생하다

좀 두고 볼까
그냥 당장 뽑아버릴까

넌 너대로의 목숨만 생각하고 있겠지만
오만하고 무례한 건
참을 수 없네.

가을인가 봐

저 컨에서 너울너울 파도쳐 오는 억새꽃
마른 입술 다물고
외로워도 늠름해라
사유에 잠긴 채
창공 한 자락 목에 휘감고
묵묵한 선비의 품위
그 은빛이 햇살에 눈부시다

저물어가는 계절
억새꽃과 나는 함께
겸허히 기도를 올리고 있었다.

일렁이는 그림자

문 밖에 나가 문득
하늘 한 번 쳐다보면
가슴팍에 안겨드는 허(虛)의 평안함

문 밖에 나가 무심히
땅을 내려다보면 어쩌다
한 포기 풀로 일렁이는 내 그림자

청량한 바람 한 점에 눈을 감는다
설레이는 이 고요
허락해주신 풍요로움

스스로 가누는 나날의 무게
천날 씻고 만날 헹구는
긍휼한 이 만행(萬行).

초조

햇살을 넉넉히 채우지 못해
아직도 푸성귀 남새밭
추수할 것도 없어 그믐 달밤의 추위

짓누르는 검은 구름이 높은 산을 낮춘다
해 짧은 날의 초조
달팽이처럼 업고(業苦)를 등에 업고
징검다리 건너듯 가을을 건너간다.

아침 얼굴

빛의 수혈로 다시 눈 뜬 지상
오늘이 눈앞에 다가선다

정화된 아침은 빛너울로 신선해라

오늘도 그 '시시포스'는
무거움 아득한 산정(山頂)을 향해 간다
가는 길에 만난 울타리 나팔꽃

'님의 세계는 참 아름다워라'

꽃나팔소리 울려온다
"가라 부지런히 올라가라
올라가다 다신 떨어지지 말라"

눈부신 하늘눈 또 한 번 보고 첫걸음
하루의 급류에 추슬러 문을 연다
짹깍짹깍 분침이 힘차게 뛴다

나도야 열심히 뛸 수밖에.

마음이 몸에게

무료한 오후
마음이 몸에게 말했다

아픈 핑계 뒤척거리지 말고
해지면 무릎 곧추 세우고
저녁 분꽃 얼굴로 걸어나가라

느릿느릿 걸음마다
몰려온 상념들이 등을 밀고 간다

걷다보면 무념무상
한무더기 시름은 바람에 쓸리고
하늘 아래 땅 딛고 풀내음도 맡았더라

이만하기 어딘가
찐한 감사가 혈관속을 적신다
마음에 순종하는 몸이 고맙게
어스름 징검다리를 건너간다.

복수초꽃 앞에서

아가야 설한 찬바람에 어찌 왔노 홀로
산기슭 숫눈밭 덤불 속
처음 본 낯선 꽃

숨겨져 피어나도 여명인 듯 온 산 밝힌다
햇살 한줌에 빤긋,
아리따움 너머 경외로워라

간절한 염원으로 왔으리
바람 속 울려오는 목소린가
살며시 귀 대어본다

오! 험난한 고생 마치곤
여유로이 참한
부처의 미소로고!

삶을 끌어안고

만나는 사람마다
배울 점이 보일 땐
참 풍성한 날이다

배우는 줄도 모르면서
그대로 배워지고 넉넉한 가슴은
벅찬 사랑인 듯 뜨거운 날이다

삶이 투쟁인 줄 모르면서
시간의 치맛자락을 잡고
사는 법을 부지런히 배웠다

종내 부양하기 힘든 비천한 육체는
마음을 지키지 못하고
삶을 끌어안고 밤을 뒤척거린다

문득 가슴벽에 꽃잎 추억이 걸어나온다
일렁이는 순간순간의 행복
까마득 잊힌 날들이 포근하다.

곡우(穀雨)

4월 끝자락의 단비는 '곡우'였네
24절기로 곡물에 때 맞춰 주시는,
우리 아가 울기 전 젖 먹이는 어머닌 양

창문엔 끊임없이 물줄기
촉촉이 비가 내린다
대지를 보드라이 어루만지며
옥토를 만든다

봄물 잠잠히 곡우의 힘
내 마음 빈터도 비옥해진다

어쩌면, 하늘은
여칙없이 '법기' 지키시는데
지구와 달이 사이좋게 나란한데
사람요, 인간요.

불편한 자리
- 느낌과 생각

K모임에 여러 명이 합숙한 날

저 밥통 속에 밥이 조금은 남아있을까
저 마음 속에 사랑이 조금은 있을까
저 눈 속에 눈물 흘릴 때가 있을까

배가 너무 고프면 그럴 수도 있지
사랑을 받아본 적 없으면 그럴 수도 있지
너무나 안일해서 남의 슬픔을 모를 수도 있지

느낌과 생각의 차이가 마치
다른 두 사람인 양,

느낌이 불편할 때
생각은 그러려니 스쳐지나 가더라.

아우라지 처녀상

아우라지 강변 따라
조약돌을 밟는다

해가 거기 있고
바람과 물이 흐르고
뱃사공도 기다리고 있던데

세월을 잊어버리고 나이테도 모른 채
검은 치마 저고리의 아우라지 처녀
새들의 먼 날갯짓에도 행여 님 오실까

잠 못 이루고
서서 칠백 년
서러운 바람꽃

기다림은
가슴 밑 돌멩이로 가라 앉고
차돌멩이 그 숨결에 바람은 여태 서성거린다.

속도

그녀는 참 스마트하게 보였다
스마트한 세상에 어울리게,
점심 먹을 식당 정보를
새끼손가락으로 척척 찾아낸 후배 그녀

손 안에 들어온 세상
손바닥에 속도가 춤춘다
신흥지구를 흥미롭게, 저리
가로질러가는 무리들

경황없이 하나 둘 모두 앞서가고
저켠 나뭇가지 아래 언뜻 보인 건
화장품 광고 '노화방지'

쯧쯧 이미 노인이 되고만 걸
쓴웃음의 해거름
실 위에 휘청거린다

따스한 국화차 한 모금에
비로소 온전해진 나
한동안 못 본 손녀 키가
밤새 자란 꽃대 같다.

춥게 보여도

유년의 앳된 그림
언덕 위 교회 드높은 십자가

그 그림 속으로
주일마다 들어가 고개 숙이면
'은혜' 한 자루 받을 수 있을까 하곤

가슴 저리게 찬송가 부르면
흠모하는 마음 소복소복 차올라
말문 열지 못할 때

당신만이 아시는
내 부끄러운 씨앗들
파도로 밀려오네

세상살이 둥둥 떠다니는 마음이래도
십자가 꼭대기 서늘한 고독의
그분을 항시 기억케 하소서!

황혼녘 겨울나무로 춥게 보여도
내가 슬프지 않는 것은
눈물 속 당신을 만났기 때문입니다.

흰 구름 발길

창문 앞에 서성거리는 흰 그림자
거기 뉘요?
'난 바람의 아이',
바람의 길 위에서 태어나
어디로 가시는교

'뛰는 심장
천년의 해와 달 오로지 섬겨
하늘뜰 낯선 머언 먼 길을
흘러가야 한다고, 그리
부여받은 몸피'

쉼 없이 떠돌고 떠돌다가
종내 만난 종점, 두렵고
무서운 미망(迷妄)의 벽, 성역(聖域)인가
강물은 바다에 이르고
나는 여기까지구나

흰 옷자락 붙잡고 먼 길 따라 온
꽃도 풀도 져버린 목숨들의 혼불
고이 편하게 편히 모시련 일념의 한평생
영원한 길손, 하늘 나그네
잠잘 집이 없었구나.

버릇처럼

여행 때 사진에
적막 한 점 남겨놓고
그는 어디에

눈 뜨자 안부인사 버릇되어
눈길 가는 그 사진

겨울 가고 또 봄 오는 계절마다
까맣게 잊으려, 이젠
애써 눈길 피하는 그 사진

시간이 묘약인지 은혜인지
세월이 그 아픔 지워가며
내 앞을 흘러간다.

3.
빈 얼굴

바람의 누름돌

밭두렁에 주저앉아
바람은 곰곰이 생각해봤다

내 방랑의 습성은
뿌리 없는 존재의 DNA

불쑥불쑥 견디지 못한 당돌함이
패악질로 남에게 눈물 뿌렸지

용서받지 못한 그 성질,
고치련 결심 사흘을 못넹겨

누가 누름돌 하나 가져다
김칫독 누르듯 꾹꾹 눌러줬으면.

꽃샘추위

그녀는 맥 놓고
거울을 본다

"늙은 여자는 지금 낮잠 중이야~
전화 통화 때 들었던 호칭이라고"
이끼 낀 설움이 되살아 파랗구나

친구야 우리가 '늙은 여자'지 뭐야?
그럼 이 울분은 유치한가?
그래요, 하찮은 꽃샘추위라 하자구나.

순응하는 발길

강물 속 바위에 외다리로 선 채
왜가리 같은 하루

천천히 천천히
혼자가 되어간다

흐지부지 살면서
살아있는 시늉만 한다

푸른 계절 종아리 탱탱할 때
눈 감고 달려갈 땐
종착역이 보이지도 않았다

쇠잔한 육신
달아나는 시간의 꼬리를 잡고
위대한 포기를 선언한다

뼈눈물 삼키고 별수 없이
자연에 순응하는 발길,
가슴 텅 비우니 이리 편한 걸!

호박 열차 삼대

텃밭 한 모퉁이
시들어 헝클어진 호박넝쿨 사이로
얼핏 늙호박 한 덩이
삶을 완주한 느긋한 자세여

추슬러 뻗어가는 목숨줄에
듬직한 푸른 이마 땀방울의 중년이
아직 배꼽꽃 노오란 여린 새끼 앞세운
정겨운 삼대 긴 열차가 가네

"아가야 춥제 해 지기전 어서 가자"
칙칙폭폭 칙칙폭폭
"괜찮아요 할매도 힘 내세요"
살가운 눈길이 뒤돌아본다

시린 바람 통증도
치열히 숨겨온 울할매
아들 등에 기댄 채 저리 좋으실까
나도야 좋아라.

차밭

초록바다 초록바람
뉘 부르나 향기로운 그 손짓

바람이 차밭을 훑터 지나간다
온몸에 녹색 에너지 스폰진 듯 스며들어

짜릿짜릿 어깨가 봄나비 날개야
팔랑팔랑 날아 이 이랑 저 이랑으로

마악 올라온 연두색 찻잎 똑똑 딴다
"옥아, 대광주리에 코를 대어보렴
너도야 웃음 핀 입매가 참 예쁘다"

그 내음 신령함인가
포근히 감싸 안아주는 평온의 치유
하여 사람들은 다신(茶神)으로 받드는구나.

이모티콘

생일선물로 아들이 준 건
손바닥만한 작은 기계
'스마트폰'이라는

"어머니 21세기가 키워 낸
특산물이라요"

엄마는 기계치, 그 명품 앞에
별 기쁨을 못 보여준 게 미안하기만,

작은 기계가 말한다
"절 사랑해주세요 말 잘 들을 게요"

도전은 엄청 바보스럽게 배웠지만
이젠 뉘 애완용 강아진 양
나갈 땐 꼭 품고 다닌다

건조한 이 작은 게
편지 쓰고 꽃도 피우고 분노도 폭발하는
그림문자라 놀랍고도 감탄하는 문자야

이모티콘님!
아침에 손자가 보내준 꽃바구니 안고
덕분에 한동안 웃음꽃 만발했다오.

이웃집 쥬리

현관문 열자 낯선 금발의 두 아이
폴짝폴짝 뛰어 들어간다
바로 내 옆집 아닌가

이윽고 나온 젊은 엄마
수더분한 미소로 "나이쓰 투 미트 유"
"네 반가워요"

언제 이 아파트로 이사왔는지,
참 무심하고 한심스러운 건
세상이 아니고 나였구나

다음날 저녁 큰 접시에 잡채를 들고
문을 노크하니
밴지꽃 같이 예쁜 쥬리와 수잔
"아이구 예뻐라 귀엽구나"(오랜만에 써본 영어)

다음날 쥬리 엄마가 내 손자를 위해
쿠키를 만들었다며 수북
꽃바구니에 담아 왔다

정이란 이렇게 싹트는구나
삶의 사소한 맛!

풀옷

풀 한 포기 보이지 않으면
사막이라 했다

어느 땐 쓸모없는 잡초라 내던져져도
남루한 풀옷이 빛나는 융단 아니었나

허기진 염천(炎天) 피란길 그때
풋푸른 풀숲 죽도록 눕고 싶어 흘린 푸른 눈물

어릴 적 코고무신 적신 이슬 풀향기
풀숲 헤치고 잡던 메뚜기 숨바꼭질 거기,

어디든 척박한 땅 찾고 찾아 어둔 지구촌
'마음껏 꾸며보라'시던 아득한 그날 이후

등 터진 언덕배기 나무는 푸념하면서도
풀들아 네가 온둘레 생기를 뿌리구나
우린 참 어울려요 푸르게 푸르게 함께 가자구나.

여름 손님

느티나무 시원한 그늘 두고
내 집 방충망에 왜 왔노

가만가만 몽두막대기 잠깐,
아서라, 마냥 일광욕 흐뭇한 중인 걸

너의 삶 굼벵이 수신(修身) 어둔 땅속 여섯 해
꿈의 땅위 비로소 펼친 황홀한 날개여

인내의 희열이 금빛 반짝인다

목숨에 값하련 감사, 하늘에 닿을 때까지
다만 찬미 찬양한다오

무료한 여름이
그래서, 널 귀빈으로 모셨구나.

빈 얼굴
- 그림자

Ⅰ.

어릴 적 마당에서 불쑥 만난 한 아이
친구 돼 놀았지
문득 놀려주고 싶어 재빨리 펄석 앉았다
오마~, 도망갔네 그새 사라져버린,
다시 일어섰을 때 눈 빠지게 살펴봤다
눈, 코, 입이 없다, 빈 얼굴!
아이구야~, 어ㅁ아! 엉엉 울었던 날.

Ⅱ.

내 키가 제법 큰 어느 저녁 귀갓길
오랜만에 홀연히 나타난 그 친구
전봇댄 양 커버린 키다리
냉랭한 눈길이 날 밟을 듯
으스스 영기(靈氣) 다가와 점잖은 귓속말

'내가 너야 너가 바로 나야
길동무 하려 왔단다'

정녕 미지의 동무라고?
천고(千古)의 손님인 양
경외로이 모시고 집으로.

과천굴다리 장터

장보러 가는 게 즐거웠다
누가 기다리고나 있는 듯

햇볕에 검게 익은 얼굴들
온통 흙내음 옷들끼리 금쪽돈 만지고 싶은
아즈매들과 할매

눈빛으로 간절히 날 부르던 그 할머니
"할매요 콩나물 5천원어치~"(그땐 오백원이면 족한, 어제
산 것도 있었지만)
할매는 금세 하얀 박꽃미소
"됐어요 너무 많아요"
주머니의 사탕 한 알 건넸다

옆의 아즈매는 '내 것도~' 살짝 웃음 보냈지
"김칫거리 이것저것 잘 주셔요"

"이 손님은 값을 깎는 적 없으니
옛다 토마토 2개 덤이요"
하하하~호호호

작은 장터 풍성한 인정에 해는 저물고.

여름에 온 장미 Ⅱ

쓸쓸해진 화단에
느닷없이 볼그레 눈웃음과 마주쳤다
한철 화려히 만나 분명 떠난 너
어머 웬일이래

'봄날의 여왕이었죠
그 영화 또 한 번, 사무쳐 요동쳐
맨발로 달려온
무지개 꿈이라오'

'너의 착각이 품위를 잃었어라
오만했더라.'
덩그러이 서러운 듯
여윈 목 추슬러 절로 외롭구나

한발 다가가 뜨거이 눈 맞춘다 볼을 맞춘다
어쩔 수 없는 묵은 정!

울화증

TV를 보고 있는 내 옆에서
우리집 개가 '저들이 왜 나처럼
꼬리를 흔들고 있지~쯧쯧'

긴 한숨에 봄은 또 오고
너도 나도 사람들은
꽃구경을 잊지 않았다

밤은 어제처럼 왔다
'트로트' 열광의 무대는, 노래와 춤으로
민초들 한동안 즐거워했다

산더미 같은 근심을 잊을까
해일 같은 분노와 불안을 잊을까
딛고 있는 이 땅의 신음소리

별 하나 보이지 않는 하늘
안개꽃 속 눈 감고
성모처럼 두 손 모을 뿐.

분노의 보복

무심히 돌린 TV굉음에 놀란 저녁

거대한 시간을 품고 온
남극 빙산이 무너지고 있다

얼음산이 어미품인 양 한 낮잠 잘 자고
깨어난 복스런 백곰, 얼음 깨지는 소리
한발 디딜 조각 밑으로 빨려 들어갔다
재밌게 놀던 펭귄무리 놀랄 틈도 없이
일순에 수몰됐네

무너지고, 깨어지고, 불타고, 홍수로
탄식소리만 들리는 위협

신성한 대자연은 전율하고
인간이 빼앗아간 대가로

잔인한 보복이 시작된 것
우리의 탐욕, 편리함, 쾌락주의가 자멸의 신세로,

자연님, 대자연님
무릎 꿇고 엎드려 빕니다 용서를!

'이미 2천년 전 발령한 거 아니었어?
회개하라 마지막이 가까웠다'고.

벤치가 친구라

느티나무 그늘 벤치에 그 할아버지
뉘는 그를 눈 뜬 바위라 했다

길 건너 쏟아져 나오는 아이들
봄병아리 같이 지나간다

바람이 풀잎 건드리듯
문득 유년에 흔들린 한 점 미소 찔금 흘렸네

해질녘 벤치가 물었지
할아버지 여기가 좋아요? 여기 밖에 없어요~?
응 여기가 제일 편하다, 암런 눈치 볼 것 없이
잎새들과 맘껏 연둣빛 공기 마시고,
기쁨도 슬픔도 앙금으로 가라앉은
바위가슴, 오롯이 다독여주는 이 느티나무여라

- 그럼 내일 또 만나요
내일은 안개, 알바 몰라라

미련인가 주름손이 어루만진다 벤치등결
정인(情人)의 따스운 온긴 양~
돌아서는 시린 발길 하루가 진다.

소크라테스의 감옥

- 그리스 여행 중에서

옛날의 한 짐승이 갇혔던 곳인가 여겼다

한때 찬란했던 그리스,
어제를 잊어버린 하늘아래
자그마한 둔덕 한 귀퉁이
아득한 시간이 지나간 작은 토굴을 봤네

그 토굴 옆엔 한 그루 올리브나무가 보초병인 양
적막한 감방을 지키며 조을고 있다

감방 앞 빈 터 풀밭엔 도망을 권하던
수많은 제자들의 눈물인 양 소금꽃 같은
하얀 꽃들이 눈부시고,

生의 지혜를 낚으며
진리에 순교를 작정한 그 철학자
금시에 허술한 나무문 열고 나올 것만 같은~,
당신의 염원은 토굴 안에 잠자고

지구가 늙고 문명이 찬란해도
남기신 말씀은 햇불로 살아있습니다.

*Socrates, 470-399 BC

4.
생의 연가

나의 옛집 · 새집

   - 1930년대

고인 시간 속 노오란 초가지붕
마을이 산에 기댄 나즉한 동네
그리움이 조각조각 몰려온다

흙마당에 놀아 손등이 터져도
나날이 재밌다고 찾아온 자야, 옥이,

아랫목 이불 속 엄마가 묻어둔
따끈한 놋 밥그릇

아버지가 아끼신 두 그루 석류나무
루비빛 석류알 한 움큼
입에 털어놓곤 하하호호 동생과

어려선가 포근한 보금자리는
불안과 고난의 전시(戰時)를 까마득 몰랐다

이젠 어느새 앞날이 짧아진 노령
한 점 꿈이 철없이 새싹을 내민다
자그만 솔향나무집 지어 네 바퀴 달고
캠핑카는 가고픈 곳 찾아 유유자적
달팽인 양 집을 이고 마냥 풍광을 즐기리.

우주비행사

무더위 몇날 무료한 밤
천장을 바라보다가 유년이 돼
상상의 날개는, 하늘 너머 드넓은
우주를 헤엄치다 잠을 설친다

나는 젊고 발랄한 우주비행사였네
몸체는 없는 듯 반딧불인 양 눈만 초롱초롱
지구는 파란 구슬로 떠있고, 거기서 온 티끌 한 점 나

창조주의 숨결 곁에서 겁먹은
경이와 경외는 언어를 잃어버렸다

국경, 종족, 이념에 얽힌 채
인류는 흉하게 우글거리는 통 안의 미꾸라지 떼
어질머리 속이 울렁지렸다

소리치고 싶었다
지구세계는 긴 여정 시도 때도 없이 피바다의 땅
보라 지금도 여기 저기 악다구니 경쟁의 지옥불

"그만 싸워라, 그만 그쳐라"
노발대발 내 안의 하나님
천둥 번개 쳤다.

그 사진

커피를 마시고 있는 동안
그 친구 지상을 떴다

계절 없이 우수수
한 잎 두 잎

살맛나게 웃고 있는
사진 속의 그 얼굴

사진은, 거기 있었음을 말하고
지금은 여기 없음을,

산수유꽃 겨울 밀어내고
온 세상 환하게 반기고 있는데

오늘의 햇살이 화살같이
가슴에 와 박힌다.

속도

오랜만에 본 손자, 뉘집 아들인가 했더니
봄 죽순이더라

새 달력인가 했더니
내 나이였네

무릎 통증인가 했더니
늦가을이더라

얄궂은 세월이나 껴안았더니
지팡이 선물이더라.

고해(告解)

내가 기쁘고 자랑스런 일 있을 땐
친구들 찾아 사람들 앞으로 간다

내가 슬프거나 부끄러운 일 있으면
하나님 당신 앞에 염치도 없이
몰래 가만히 살펴 숨어 선다.

분신

- 폐백실에서

대추 한 줌
꽃족두리 위로
빛무리 가르며
푸드득 날아가는 비둘기였네

밤 한 움큼
다홍치마 큰 폭에
내 사랑 다 쏟아 비우는
폭포소리였네

가벼이 털고 돌아서는
그 길
노을빛이 달려와 뒷목을 적셨네.

꽃 앞에 서면

항시 오라는 듯 기다리는 듯
아롱거리는 애틋한 미소여

화사한 존엄 은밀한 그 고요
내 마음 높이고 싶은 나의 비원(祕苑)

허물도 연민도 유구무언의 어진 가슴
그윽이 스며오는 위로는 천상의 성소(聖所).

내 탓이 되겠지요

공기는 아롱아롱 약동하네
리라꽃 향기 상큼한데
이런 날
당신 얼굴에 행복이 빛나지 않으면
그건 내 탓이 되겠지요

뿌흐여케 쌓인 먼지눈썹 지쳐 돌아온 낙타 양
고달픈 퇴근 어른거리는 식탁엔
노을 가득 담긴 쟁반 위
빨간 딸기 와인잔 한 송이 꽃의
기다림

한 모금 두 모금 촉촉이 젖어든 그 미소
시름 잊은 당신은 봄의 한가운데
나만 볼 수 있었던 영롱한 그 기쁨
꽃망울로 남아있어요
삶의 먼 길 이대로 흘러갔으면, 우리.

봄 아침

종이상자 안에서 화분을 내놓는다
봄내음 제법 안고
고마워서 생긋 웃는 튤립싹

내가 고맙지
겨울 잘 이겨냈으니 나도 웃는다

손등에 내려앉은 봄빛이 웃는다
잠든 뿌리가 자신을 기억해준다고.

고향의 밥상

왜 그리 반가웠을까
미나리 섞인 돌나물김치
숟가락을 댄다 어리어 오는
젊은 날의 어머니 모습

어머니 냄새를 찾았지 누룽지 숭늉
천 리 길 곤함이 금시에
사르르 녹는다.

망초꽃

외진 땅 끝자락에 나직이 서서
안개비에 몸을 푸는
세월의 한 모퉁이

누구의 사랑 하나가
네 등허리를 저리 받쳐주는고
그 얼굴에 감도는 이 세상의 큰 미소.

생(生)의 연가

- 입원실에서

설운 고아같이 병원 침대에 눕는다
온 세상 밤거리 꽃밭같이 빛나고
병실의 얼굴들은 흙빛이었네
절망도 한계량이 있어
무위무념(無爲無念) 바보같다

삶이 어둘 때 삶이 보이던가
꽃냄새 다시 맡을 수 있는 봄날이 오면
고운 빛깔 단아한 모양새를 칭찬해 주자
칠월의 그늘에 배어있는 왕성한 초록 향기며
바람에 실려오는 갈대숲 노래도

푸른 하늘 찬란한 햇빛 마주하고서
꿀맛같은 점심을 농부처럼 먹어보자
고독한 커피 한 잔 마시고
나무뿌리처럼 신명나게 일 하리라
동그란 지구가슴 그 위를 힘차게 걸어보리라.

요양원의 친구

보고픈 그 친구 말없이
거길 갔네

함께 흐르던 혼자 삼킨 눈물
그리 고웁던 꽃

삶의 비탈길 한 오라기 목숨줄
손에 움켜쥔 채

참혹히 버티다 시들은 들풀이다가
종내 추운 겨울 나무

아흐! 키 잃은 배는
백사장에 방치되니,

"희야, 네가 눈 감고 빠지던
그 애창곡 보낸다 들어보래이"

"와~, 슬픔이 더 클까봐
괜찮다 고맙다"

어쩜, 아흐! 그대 웃음기 찾을꼬
목마른 영혼에 말할 바 못되고
부질없이 다만 기도문 한 구절.

식어버린 커피맛

어머머…, 얼마만인가
우린 손잡고 그냥 웃기만 했다
인사동 거리를 걷다가,

얼굴들은 만추로고(晚秋)!
가을이 꽉 찼네
너를 보고 날을 인지하는 무상과 마주한다

'스타벅스'의 커피향 앞
"예, 너 '독거노인'이라면서…, 외롭겠구나!"
"뭐, 외롬 따위는 본래 뼛속에
묻혀있는 천연자원이래
문제는 이별을 감당하기"

가끔 붕어빵도 사먹고, 산책길엔
천사의 등불 같은 패랭이꽃도 만나
적당히 행복해

영옥이는 사람의 슬픔을 너무도 몰라서
자신 자랑거리에 급급한 입매
진화는 사람의 슬픔을 너무도 알아서
남의 기쁨을 우습게도 모르더라

어느새 서느러히 식어버린 커피잔
맹물 마신 듯 가만히 내려놓고
안녕, 잘 가 또 만나자아…
시작은 뜨거웠는데!

이렇게 되었네

그런 날이 있었다
행여 행복이 달아날까봐
전율했던

둘이 함께 걷던 길을
이젠 혼자 걷네
이렇게 되었네

불타는 단풍이 날 껴안고
잎새 하나 떨구어 생긴 허공을
파랗게 울었다

시린 등허리
보이지 않은 피안을 향해
분노의 종을 마구 울렸다

그댄 무문(無門)의 마음 안에
무량의 사랑 품고
난 영영히 새푸르게 고운
풀잎으로 살 수 있기를!

산들바람

길에서 태어났다고
어릿광대, 삐에로라 부르지 마오

가끔 땅 위에 '토네이도, 할배
바다의 위력 풍랑인 아배, 그 자식인 나

우주 공간 빙빙 춤추다가
버드나무 귀퉁이에 앉아 쉬다가
나무 밑이나 밭두렁에서 잠자고
때론 흰 구름 품에서 단꿈을,

꿈에서 깨어난 선택, 오월 아침
좌절은 용기의 깃발을 내걸고 길 나섰죠
싱그런 숨결 연녹의 나무 향기론 꽃밭
줄지어선 버선발은 생꿈 그대로,

용서하소서 불효를,
할배요 아배요
전 신분을 숨기고서도 여기 살 겁니다.
여긴 평화롭거든요.

철학적 극복과 사랑의 미학

김우종

(문학평론가, 화가, 수필가)

　시집은 그 시인의 전인격을 말해주는 총체적 결산이다. 시는 언어예술이며 그 모든 언어에는 그가 살아온 발자취가 전설처럼 용해되어 있기 때문이다. 시인이 「성산 일출봉의 눈물」에서 "돌멩이 하나 주워 던져 봤어라"라고 했다면 그것은 작자가 태어나고 살아온 언어사회의 모든 개인차에 따라서 전달되는 의미가 다르게 된다. 그러므로 작자의 의도를 충분히 존중하려면 독자는 문자 기록 외의 작자와의 만남도 그 언어 행위에 포함되어야 한다. 제주도의 역사를 알고 일출봉에서 분출했던 용암의 돌 하나를 던져

보는 행위와 한강변에 나와서 콧노래를 부르다가 돌 하나를 던져보는 행위가 전하는 슬픔의 무게는 차이가 있다.

문학은 언어예술이니까 가스통 바슐라르가 말하는 랑그(langue)와 파롤(parole)의 차이를 고려해야 된다. 독자는 김정원의 시집을 서점에서 사 볼 수 있지만, 그것은 언어학적 체계만 전하는 문자 기호일 뿐이며 실제로 말하는 작자는 독자와 마주 보지 않는다. 그런데 언어는 듣기만 하는 일방통행 외길 구조가 아니다. 화자와 청자의 주고받기로 완성된다. 즉 책으로 전해지는 기호만이 아니라 작자가 독자에게 '일출봉의 눈물'이라 말할 때의 표정을 비롯해서 그날의 날씨와 새소리까지 모두가 의미를 전하며 이의 총체적 합산이 실제적 언어다. 그러므로 작자를 충분히 존중하며 작자의 작품 속으로 들어가려면 대화로써의 파롤처럼 인쇄물 기호 외의 작자도 알고 그 가슴의 문을 두드리는 것이 좋다. 다만 이는 실제 현실이기 어렵기 때문에 작자가 의도적으로 은폐하는 특이사항이 없다는 전제하에 작품만을 대상으로 해석하는 작가론이나 작품론은 그 나름의 순수성을 지닐 수 있다. 김정원론도 이런 비평방법이다.

슬픔을 그리는 시인

김정원은 슬픔을 그리는 시인이다. 슬픔을 캔버스에 그리며 형상화하면 김창열처럼 '물방울 화가'가 될 수 있다. 그렇지만 김 시인의 그것은 인간 존재의 근원적 실상을 언어로 표현하는 것이기 때문에 그림과는 다른 호소력을 지닌다. 이는 같은 트로이 전쟁 속의 라오콘 이야기라 하더라도 포도밭을 가꾸던 농부가 땅속에서 발견했다는 조각과 버질(vergillus)의 시가 호소력이 다른 것과 같다.

모든 예술의 본질은 아름다움이며 예술가는 이를 추구하고 만들어 나가는 사람이다. 김정원도 그런 의미에서 시인이며 예술가지만 김 시인 고유의 아름다움이 따로 있다. 그것은 슬픔과 사랑에 의한 미학적 방법의 산물이다.

아름다움은 안토니오가 넋이 빠졌었던 클레오파트라의 요염한 입술도 있고, 「악의 꽃」에서처럼 '악도 아름답다'는 개념을 만들어 낸 보들레르의 악마주의적 아름다움도 있지만 김 시인은 이 세상에서 가장 고귀하고 우아한 아름다움을 추구하는 시인이다. 그것은 약자가 흘리는 슬픔의 눈물을 닦아주고 아픔을 치유하는 사랑의 행위 또는 그 결과물로서의 아름다움이기 때문에 고귀하고 우아하다. 물론 이

런 아름다움의 정의는 나의 주장이며 이와 달리 한국에서
는 클레오파트라의 붉은 입술이나 광적인 방화와 학살 행
위의 쾌감까지를 미라고 생각하는 문학론도 있어 왔다.

김정원의 작품세계에서는 슬픔의 샘물소리가 들린다. 표
면에서는 새 아침처럼 지저귀는 새소리가 들리고 나비가
날고 꽃이 피는 것 같지만 귀를 기울이면 그처럼 밝은 세
상만은 아니다. 우리가 사는 세상은 밝은 낮과 어두운 밤
이 있다. 김정원은 이 같은 양면 구조를 모두 시 속에 담
고 있으며 그의 시적 감각과 의지가 더 예민하게 작동하는
쪽은 어둠이다.

인생론으로 말하면 그는 세상을 밝게만 보는 낙관주의
자가 아니다. 좀 과장된 표현으로 말하면 비관주의자이고
니힐리스트인 것 같기도 하다. 그런데 그 잿빛 세상을 밝
은 채색화로 바꿔나가려는 의지의 시인이다. 인간 세상의
근원적인 슬픔을 직시하며 눈물을 닦아 주고 격려하기 때
문에 결코 비관주의자나 니힐리스트가 아니다.

미학은 자연과 인생과 예술 따위가 지니는 미의 본질을

해명하는 철학이다.

김 시인은 우리가 사는 자연과 인생과 예술에서 아름다움의 본질을 찾아가는 시인이며 그 아름다움을 만드는 장인으로서의 시인이다. 내가 만나 본 일은 없지만 이런 모습으로 이미 여러 권의 시집을 내고 학문과 교육의 길을 거쳐서 노을빛 저녁 하늘을 바라보고 있기에 이 인생론과 세계관은 울림이 크다.

인간은 누구나 태어날 때부터 언젠가 주어진 시간만큼만 살고 필연적으로 모든 사랑하는 사람들과 작별해야 한다. 궁극적으로 이렇게 작별하기 위해서 살아가야 한다는 것은 모든 생명체들이 원초적으로 근원적으로 슬픈 존재임을 말한다. 슬픔을 향한 달리기가 인간의 본질적 존재양식이다.

인간의 근원적 비극성은 이것만이 아니다. 인간은 사회적 역사적 상황 속에서 살아간다. 그런데 그 상황은 민족과 국가에 따라 다르며 한국의 역사와 사회적 환경은 남달리 슬프다.

김정원의 시세계는 이 두 가지를 그려나가고 있기 때문에 작품의 밑바닥에서는 다른 시인과 달리 슬픔을 많이 말한다.

미를 그리는 사람과 피워내는 사람

클로드 모네는 있는 꽃을 그리는 사람이고 김정원은 없는 꽃이나 피지 못하는 꽃을 피워내서 그리는 사람이다. 모네는 너무도 유명한 세계적인 화가지만 유명도를 떠나서 두 사람의 창작의 모티프와 형태를 비교해 보자.

김정원 시에서 내가 맨 먼저 만나 본 작품은 「성산 일출봉의 눈물」이다. 이는 제주도의 성산일출봉에서 '신성같이 떠오르는 해님'을 그린 것이다.

클로드 모네의 「인상, 해돋이」(1872년)도 떠오르는 해님을 그린 작품이다. 두 작품 모두 이른 아침의 바다 풍경이므로 붉은 하늘 붉은 태양이 나타난다. 푸른 물결이 붉은 태양빛을 받아서 황금빛 카드뮴 옐로로 춤추는 영상이 아름답다. 그런데 그림과 시의 차이가 있지만, 예술가로서의 창작의 의도가 다르다. 모네는 타오르는 붉은 태양의 빛으로 반짝이는 바닷물결을 배경으로 희망이 부풀어 오르는 어부들의 고기잡이 출항으로 그 환희의 절정을 캔버스에 담았다. 바꿔 말해서 아름다운 세상을 보고 아름다운 풍경을 그린 것이다. 이와 달리 김정원의 시 「성산 일출봉의 눈물」은 기쁨이 아닌 슬픔의 절정을 보고 이를 모네의 해돋이처럼 그린 것이다.

> 일출봉의
> 해님은
> 신성같이 떠오르더라
>
> 뒤척이는 혼백의 고도(孤島) 그 유배지
> 지나가는 길손의 머리카락 후욱 날리곤
> 검은 돌 푸른 물이랑 속 정적(靜寂)이더라
>
> 돌멩이 하나 주워 던져봤어라
> 무위(無爲)의 한가운데 등신같이 서서 우러러
> 절망을 기대던 그 일출봉
>   – 「성산 일출봉의 눈물」 부분

여기서 일출봉의 해님은 신성같이 떠오르더라 했으니 여기까지는 모네의 해돋이와 같은 발상이다. '신성'이라 했으니 모네보다 더 찬란한 해돋이다. 그렇지만 '뒤척이는 혼백, 고도(孤島), 유배지' 등은 슬픔이다. '돌멩이 하나 주워 던져 봤어라'라는 절망의 제스처다. 슬픔을 이겨내기 위해서 무엇이든 하는 시늉만이라도 하는 것이 '돌멩이 하나 주워 던져 봤어라'다.

모네는 거의 40년간 인생의 반평생을 수련 연작으로 약

250점을 남겼지만, 그것은 그가 살던 프랑스 지베르니의 정원(庭園)의 수련이고 김정원의 정원에는 그런 수련은 없다. 뒤척이는 혼백의 외로운 섬, 그 유배지에는 그렇게 아름다운 꽃은 없다. 그러므로 모네는 아름다운 곳에서 기쁨을 그린 사람이지만 김정원은 배고프고 서럽고 외로운 영혼의 눈물을 밑에 깔고 그린 것이다.

모네는 기쁨을 사랑하는 풍경화를 그렸고 김정원 시인은 슬픔을 사랑하는 풍경화를 그린 셈이다. 그런데 절망의 하늘에 붉은 태양을 그린 행위는 절망하는 자에게 희망을 주고 슬픔을 달래주는 사랑의 예술활동이다. 그 행위와 그 결과물로서의 예술작품은 감동적이니까 그는 슬픔의 눈물로 수정같이 아름다운 보석을 만드는 장인이다. 피지 않은 꽃을 피워내는 사람이라 해도 된다. 이는 예술의 본질로서의 아름다움이란 과연 무엇이냐를 묻는 자리에서 엄청나 차이를 나타낸다.

아름다움을 피워내기

「성산 일출봉의 눈물」은 일출을 통해서 슬픔을 달래주고 위로해주는 것이므로 여기에는 제주도를 보는 역사의식

이 있고 이는 우리의 상처를 위로하는 사회참여적 모럴이
있다.

두 사람의 다음 말을 비교해 보자.

모네: 수련이 여기저기 떠다니는 딸기처럼 수줍고, 하얀
꽃잎들로 둘러싸인 한 송이 백합의 마음 같은 곳.

김정원: 아픔도 슬픔도 외로움도 "슬퍼지는 놀람"도 황홀
하게 피워내기 위해서 내가 할 수 있는 일이란 무엇일까?

이 말들은 화가 모네와 시인 김정원이 예술가로서 무엇
이 창작의 동기가 되고 있는지를 설명해 준다.

여기서 모네는 자신이 수련을 그리는 화가로 세계적인
명성을 얻게 한 고장을 찬미하고 있다. 그는 지베르니라는
고장이 그렇게 아름다워서 그곳에 인생 말년까지 머물러
수련 연작을 완성해 나갔다고 설명한 셈이다. 김정원은 다
른 차원에서 일출봉의 아름다움을 그리고 있다.

위 인용문은 김 시인이 아마도 어느 평론가와의 인터뷰
에서 한 말 같은데 '황홀하게 피워내기 위해서' 시를 쓴다
는 고백은 적극적으로 밝고 아름답게 꽃을 피우는 이지를
말한다. '아픔도 슬픔도 외로움도 슬퍼지는 놀람도' 황홀하

게 피워내기 위해서 시를 쓴다는 것은 시인이 거기서 만난 역사가 아픔과 슬픔과 외로움으로 충만해 있기 때문이겠다. 그 세상은 아름다운 정원이 아니다. 그러니까 모네는 꽃 피는 정원에서 꽃을 그린 사람이고 김정원은 꽃이 없는 정원에서 아름다운 꽃을 피워내며 그린 사람이다. 모네는 인상파 미술의 선구자로서 세계적 명성을 얻었지만 이를 떠나서 예술이 무엇을 할 수 있고 해야 되느냐고 묻는다면, 그리고 무엇이 아름다움인지 미학적 질문을 던져 본다면 확실하게 김 시인 쪽에서 먼저 정답을 얻게 될 것이다.

DMZ의 슬픔

김 시인이 그려나간 작품세계는 방금 그린 수채화처럼 촉촉이 젖어 있다. 그것은 슬픔의 눈물 때문이며 그 눈물은 두 가지다.

하나는 누구나 예외일 수 없는 죽음을 향한 발걸음이다. 100년을 살아도 인생은 짧다고 말하기 때문에 질주라 해도 좋다. 그것은 죽음과 작별을 향한 발걸음이기 때문에 인간은 근원적으로 비극적 존재라고 정의할 수 있다.

다른 하나는 사회적 역사적 개인차로 나타나는 슬픔이

다. 이것은 누구나 공평하게 지니는 슬픔이 아니다. 금수저는 기쁘지만 흙수저는 슬프다. 그리고 큰 대륙의 끝머리에 매달린 한반도 백성의 역사는 많이 슬프고 미국은 인디언을 빼고 백인중심으로 미화된 역사는 기쁘다.

김정원의 시세계가 방금 그린 수채화처럼 촉촉이 젖어 있는 것은 이 두 가지 눈물 때문인데 역사적 사회적 개인차나 금수저 흙수저의 경우의 슬픔은 창작의 모티브에서 선택적일 수 있다. 세상이 망하며 거의 다 죽어도 저 혼자만 배부르면 슬프지 않을 수도 있다.

채만식 「태평천하」에서 윤직원이 인식하는 일제강점기 한반도는 슬픔이 없는 태평천하다. 일본으로 유학 가 있던 손자가 인식하는 세상은 이와 반대다. 그래서 감옥으로 간다.

김정원 시인이 보는 세상도 그렇게 슬프다. 제주도 성산일출봉은 그저 즐거운 관광이 될 수도 있지만 붉게 타오르는 일출봉의 분화구 속에 나비 한 마리를 그린 그림(허선주 시인 소장)은 제주도의 역사를 상징하는 슬픈 그림이다. 김정원은 후자의 역사의식으로 일출봉을 슬프게 그리고 있다.

이것은 「철조망 – DMZ」에서도 마찬가지다. 비슷한 이름의 그림 「DMZ 나비들의 반란」(졸작)도 그렇다.

아! 나는 보았다
통곡을 허리에 칭칭 둘러감은 채
까맣게 누워있는 가시 허리띠를

아! 나는 들었다
녹슨 가시허리의
피맺힌 숨소리를.

- 「철조망 - DMZ」 전문

철조망이 쳐져 있는 DMZ는 민족 분단의 슬픔을 나타
낸다. 작자는 그 통곡과 피맺힌 숨소리를 변형된 시조 형
태로 간명하게 표현하고 있다.

이는 우리의 역사적 과제로서의 슬픔이고 「성산 일출봉
의 눈물」도 같은 슬픔이다.

인간의 근원적 슬픔

김정원의 시에서 대체로 큰 비중을 차지하고 있는 것은
인간의 근원적 비극적 존재로서의 슬픔이다. 그 슬픔이 인
생의 마지막 열차에서 차창 밖으로 내다보는 시간대의 풍
경으로 나타나고 있다.

커피를 마시고 있는 동안
그 친구 지상을 떴다

계절 없이 우수수
한 잎 두 잎

살맛나게 웃고 있는
사진 속의 그 얼굴

- 「그 사진」 일부

'커피를 마시고 있는 동안'과 그 친구가 죽는다는 것은
함께 하나가 될 수 없는 딴 세상 얘기다. 그런데도 이 두
가지가 같은 시간대에 같은 탁자 위에 있다. 이는 죽음이
얼마나 가까이 우리 곁에 와 있는지를 말하려는 작자의 의
도이며 그만큼 살아 있다는 사실이 허무이고 허구라는 극
단적 화법이다. "계절 없이 우수수 한 잎 두 잎" 떨어져
나간다는 것도 그렇다. 전연 예고 없이 우리는 사라진다는
것이고 우리의 삶과 죽음은 구별 없이 하나가 되어 있다는
것이다. 사진 속의 친구는 분명히 죽었지만 그냥 생생하게
웃고 있으니 황당하기 짝이 없으며 무엇이 진실인지 망연

자실할 뿐이다. 허무주의적 인생관이 확실한 증언으로 나
타나고 있는 것 같다. 「속도」에서도 그렇다.

　　오랜만에 본 손자, 뉘 집 아들인가 했더니
　　봄 죽순이더라

　　새 달력인가 했더니
　　내 나이였네

　　무릎 통증인가 했더니
　　늦가을이더라

　　얄궂은 세월이나 껴안았더니
　　지팡이 선물이더라.
　　　　　　　　　　　　　- 「속도」 전문

　허무주의적인 잿빛 안개가 짙게 깔려있는 작품이다. 이
것은 매우 불온한 사상이다. 새 달력을 볼 때는 자식 손주
의 세배도 받는 정월 명절인데 나이를 말하는 것은 작별을
고하는 것이다. "무릎 통증인가 했더니/ 늦가을이더라"도
그렇다. 무릎이 아프면 약방이나 병원에 가야 하는데 죽음

을 의미하는 '늦가을'을 생각하는 것은 매우 위험하고 불온한 사상이다. 선을 넘은 센티멘털리즘이고 지나친 비관주의나 염세주의이며 이것은 병이다. 「그 사진」에서도 죽음은 커피 마시는 시간인데 바로 옆에 와서 기웃거리고 있고 죽음은 멀리 떨어져 있는 외딴 섬이 아니라 작자 자신이 그처럼 외로운 섬이라 생각하니 이것이 과민증이 아닌 진실의 증언이라면 우리 모두 다 불감증일 뿐이다. 이것은 「분신 - 폐백실에서」에서도 나타난다.

대추 한 줌
꽃족두리 위로
빛무리 가르며
푸드득 날아가는 비둘기였네

밤 한 움큼
다홍치마 큰 폭에
내 사랑 다 쏟아 비우는
폭포소리였네

가벼이 털고 돌아서는
그 길

노을빛이 달려와 뒷목을 적셨네.

- 「분신 - 폐백실에서」 전문

　매우 감성적인 아름다운 서경묘사다. 꽃족두리는 여성으로서 시집가는 날 꼭 한 번 허용되었었다. 그처럼 눈부시게 아름다운 족두리이니 그 위에는 빛무리도 그려질 것이다. 자식을 다 키워 장가보내며 며느리의 절을 받는 에미가 대추 한 줌 족두리 위로 던질 때 비둘기가 나는 푸두득 소리의 환청과 환각이 있었다면 그날부터 시어미가 되는 김 시인의 감수성은 여간 예민한 것이 아니다.

　다음에 던지는 밤 한 움큼은 사랑의 폭포소리다. 몽땅 쏟아붓는다. 그런데 다음에 털고 일어서서 폐백실을 나가는 그녀의 뒷목이 노을빛으로 적셔졌다는 것은 사뭇 비극적이다. 오는 사람과 가는 사람의 차이가 극명하게 드러나는 장면이다. 자식 세대는 그렇게 떠나버리며 작별하는 것이 필연이니 뒷덜미에 노을빛이 적셔지는 여인을 앞에서 보면 눈물도 고이고 있으리라. 이렇게 본다면 기쁨만이 충만하다고 믿는 혼례 축제에서 작별의 슬픔을 고백하는 김정원 시인은 남달리 예민하게 발달한 감수성으로 인간의 근원적이 비극성을 증언하는 것이다. 자식들 시집 장가보

낸 에미들이 카페에 들어가면 인생의 노을빛은 그곳에도
따라온다.

> 얼굴들은 만추로고(晩秋)!
> 가을이 꽉 찼네
> 너를 보고 날을 인지하는 무상과 마주한다
>
> '스타벅스'의 커피향 앞
> "예, 너 '독거노인'이라면서…, 외롭겠구나!"
> "뭐, 외롬 따위는 본래 뼛속에
> 묻혀있는 천연자원이래
> 문제는 이별을 감당하기"
> 　　　　　　　　　　－「식어버린 커피맛」 부분

「식어버린 커피맛」의 일부다. 어머머 하며 오랜만에 친
구들과 만나서 반가워 커피 한 잔씩 하지만 반가움은 사실
이어도 슬픔이 함께 따른다. 윤동주의 「별 헤는 밤」에서는
하늘이 그랬는데 여기서는 친구들의 얼굴이 만추 일색이
다. 남편까지 죽고 혼자 남은 독거노인의 "외롬 따위는 본
래 뼛속에 묻혀있는 천연자원"이니 탓할 바가 아니라고 말
하면서도 이별의 슬픔은 감당하기 어렵다. 그래서 오랜만

의 만남의 기쁨은 이별의 슬픔이며 작자는 슬픔을 서로의 만남과 기쁨이 하나로 오버랩하는 기법으로 그 아픔을 극대화하고 있다. '식어버린 커피맛'은 그런 의미의 비관적 인생론이다.

말없이 거길 가버렸다는 「요양원의 친구」, "둘이 함께 걷던 길을/ 이젠 혼자 걷게 되었네"라 말하는 「이렇게 되었네」 등이 모두 이렇게 작별의 시간을 향해서 달려가는 비관주의자의 슬픈 그림이다.

슬픔으로 그리는 사랑의 미학

그런데 이 시인을 비관주의자나 허무주의자라고 단정할 수는 없다. 그가 그린 작품이 촉촉이 젖어 있는 수채화라 함은 슬픔이 눈물이 되어 흐르기 때문만은 아니다.

슬픔이 눈물이 되면 그것은 슬픔을 달래주는 위안도 된다. 신혼곡(晨昏哭)이나 삭망곡(朔望哭)이나 때를 맞춰가며 고인 앞에서 우는 것은 그의 영혼을 달래주기 위함이다. 김정원의 시가 촉촉이 젖어 있는 수채화라 함은 작자가 슬픔을 달래주기 위해 눈물을 흘리기 때문이다.

달래주는 것은 비관주의나 허무주의자의 몸짓이 아니라

그 슬픔을 치유하는 사랑이고 힘을 주는 보약이다.

　　종이상자 안에서 화분을 내놓는다
　　봄내음 제법 안고
　　고마워서 생긋 웃는 튤립싹

　　내가 고맙지
　　겨울 잘 이겨냈으니 나도 웃는다
　　손등에 내려앉은 봄빛이 웃는다

　　잠든 뿌리가 자신을 기억해 준다고.
　　　　　　　　　－「봄 아침」 부분

　북풍이 몰아치는 한겨울은 죽음의 계절이다. 그런데 튤
립이 겨울을 이겨내고 싹이 나고 있다. 그래서 시인도 고
맙다고 말한다. 실제로 고맙다고 말하는 것이 도리다. 그
것은 머지않아 겨울의 계절을 맞게 되는 사람에게 위안이
되고 격려가 되기 때문이다.
　「내 탓이 되겠어요」도 그렇다.

　　공기는 아롱아롱 약동하네

리라꽃 향기 상큼한데
이런 날
당신 얼굴에 행복이 빛나지 않으면
그건 내 탓이 되겠지요

뿌흐여케 쌓인 먼지눈썹 지쳐 돌아온 낙탄 양
고달픈 퇴근 어른거리는 식탁엔
노을 가득 담긴 쟁반 위
빨간 딸기 와인잔 한 송이 꽃의
기다림

한 모금 두 모금 촉촉이 젖어든 그 미소
시름 잊은 당신은 봄의 한가운데
나만 볼 수 있었던 영롱한 그 기쁨
꽃망울로 남아있어요
삶의 먼 길 이대로 흘러갔으면, 우리.
　　　　　　　　　　　－「내 탓이 되겠어요」 전문

때때로 우리 삶은 참 고달프다. 노동의 고달픔만이 아니
라 희로애락의 한평생 중 노(怒)와 애(哀)가 99.9프로일
경우도 많다. 그 고달픔을 "뿌흐여케 쌓인 먼지눈썹 지쳐
돌아온 낙타'에 비유한 것이 매우 적절한 리얼리티가 있다.
그렇지만 서러워하지 말고 "노을 가득 담긴 쟁반 위/ 빨간

딸기 와인잔 한 송이 꽃의/ 기다림"으로 달래 봐도 되지 않겠느냐는 것은 슬퍼하는 자에게 함께 울어주며 슬픔을 달래주고 힘을 주는 말이기에 슬픔의 언어미학이다.

언어는 물론 "그림의 떡"이라는 비유처럼 보지도 만질 수도 없으니 허상이라 말할 수도 있지만 미학적 방법에 의한 언어는 허상이 아니다. 말 한마디로 천리를 간다라고 하듯이 언어가 감동적인 호소력의 기법을 지니면 허상이 실상이 된다. 매일 백리를 걷고 그 이상도 사막을 걷고 뿌옇게 모래 먼지를 쓰고 주저앉은 낙타라 해도 주인의 말 한마디가 위안이 되면 그것은 힘이 된다. 그렇게 지친 인생이지만 식탁 위의 와인 한 잔이 가다린다는 말 한마디로 피로감은 가실 수 있다. 그 와인 한 잔은 아내와 자식들의 사랑이라 해도 좋다. 언어는 그 기법에 따라서 마술처럼 기적을 낳기도 하며 이것이 언어미학이다.

철학적 극복과 사랑의 미학

삶이 어둘 때 삶이 보이던가
꽃냄새 다시 맡을 수 있는 봄날이 오면
고운 빛깔 단아한 모양새를 칭찬해 주자

칠월의 그늘에 배어있는 왕성한 초록 향기며
　바람에 실려오는 갈대숲 노래도
　　　　　　　　　　　　　-「생의 연가」 일부

　김 시인은 「생의 연가」에서 허무주의적인 잿빛 인생을
밝게 채색한다. 김 시인이 보는 세상은 슬픔과 허무주의의
잿빛이 짙지만 이를 그대로 용납하지 않는다. 삶이 어두울
때 이렇게 밝은 빛을 다시 찾는다. "푸른 하늘 찬란한 햇
빛 마주하고서/ 꿀맛 같은 점심을 농부처럼 먹어보자"라고,
고독한 커피 한 잔 마시지만 그다음엔 "나무뿌리처럼 신명
나게 일하리라"라고. 고독한 커피라 했으니 슬퍼하는 자에
게 하는 위안과 격려의 말이다. 그리고 이 시는 겨울에 잊
었던 봄의 꽃냄새와 7월의 초록향기와 가을의 갈대숲의
노래 등을 다시 상기시키는 감동이 있으며 이것이 예술의
본질인 아름다움을 창출하는 언어미학이고 그 결과물이다.
　그런데 이 같은 슬픔의 미학이 성공하는 것은 그 시적
화법의 저변에 심오한 철학이 깔려 있기 때문이다.
　허무주의적인 비관론의 출발점은 세속적인 욕망이다. 욕
망이 충족되지 않은 상실감이 슬픔이기 때문에 허무주의적
인생관과 세계관으로 발전한다. 부와 명예와 권력만이 아

니라 그리움도 사라지면 그 상실감은 허무주의를 낳는다.
그렇지만 그 모든 욕망과 집착을 버리면 허무는 차라리 평
안이 된다.

문 밖에 나가 문득
하늘 한 번 쳐다보면
가슴팍에 안겨드는 허(虛)의 평안함

문 밖에 나가 무심히
땅을 내려다보면 어쩌다
한 포기 풀로 일렁이는 내 그림자

청량한 바람 한 점에 눈을 감는다
설레이는 이 고요
허락해 주신 풍요로움

스스로 가누는 나날의 무게
천날 씻고 만날 헹구는
궁휼한 이 만행(萬行).
– 「일렁이는 그림자」 전문

대문 밖에 나가서 빈 하늘을 바라보며 김 시인은 "가슴

팍에 안겨드는 허(虛)의 평안함"이라 말한다. 집 안이 백팔 번뇌의 구조물이라면 문 밖의 빈 하늘은 이를 모두 버린 해방공간이다. 모두 버렸다면 상실의 공간이지만 상실당했다는 피동형과 스스로 버렸다는 능동형은 의식의 차이이며 작자는 스스로 버림의 철학에 도달하고 있다. 그래서 자신이 땅바닥의 풀 한 포기 같은 그림자라 해도 풍요함을 얻는다. 버림으로써 풍요함은 작자가 선택하는 의식의 차이이며 이것이 허무를 극복하는 김 시인의 철학이다.

「무말랭이」는 그렇게 모든 사소한 욕망을 버림의 철학으로 극복해 낸 풍요의 은유적 상징이다. 다 버리고 작게 쪼그라들었지만 "쪼그라든 이 몸을 잊지 않고/ 찾아주는 사람이 있다오// 저요~, 저녁 밥상 하찮은 자리여도/ 행복에 붉게 물든 한 접시로 산다오."라 말한다.

「소크라테스의 감옥 -그리스 여행 중에서」에서 말하는 소크라테스도 이런 의미에서 슬픔을 이겨낸 인생의 승리자다. 진리를 위해 목숨까지도 버렸으니 승자다.

김 시인은 이 세상을 인생의 「공연장」이라 말하기도 한다. 무대 위에서 배우들은 열연이 끝난 후 땀에 젖은 얼굴로 관객들로부터 박수를 받으며 작별을 고한다. 그렇지만